20 avril 1854

CATALOGUE
D'ESTAMPES
ANCIENNES
A L'EAU FORTE ET AU BURIN

Provenant de la Collection de M. R. D., *Robert Dumesnil*

DONT LA VENTE AURA LIEU

HOTEL DES COMMISSAIRES-PRISEURS,
Rue Drouot,

Salle n. 3, au 1er,

LES JEUDI 20 ET VENDREDI 21 AVRIL 1854, *à midi*.

Par le ministère de Me **VAUTIER**, commissaire-priseur, rue de Provence, 78,

Assisté de M. **DEFER**, Expert, quai Voltaire, 21,

Chez lesquels se distribue le présent Catalogue.

EXPOSITION PUBLIQUE

Le mercredi 19 avril, de midi à cinq heures.

PARIS
MAULDE & RENOU
IMPRIMEURS DE LA COMPAGNIE DES COMMISSAIRES-PRISEURS
Rue de Rivoli, 144.

1854

ORDRE DES VACATIONS.

Le Jeudi 20 Avril.

N° 196 à 204. — N° 167 à 188. — N° 1 à 66.

Le Vendredi 21 Avril.

N° 67 à 166. — N° 189 à 195.

AVIS.

Les numéros pour les maîtres français sont ceux du peintre graveur, par M. Robert-Dumesnil, et ceux des maîtres italiens et flamands, du peintre graveur, par Adam Bartsch.

CONDITIONS DE LA VENTE.

Elle sera faite au comptant.

Les acquéreurs paieront, en sus des adjudications, cinq centimes par franc, applicables aux frais.

DÉSIGNATION
DES ESTAMPES.

ÉCOLE ITALIENNE.

1. **Anonyme (graveur) au XVe siècle.** Saint Jérôme à genoux devant un crucifix ; au premier plan un lion dévore un chien, au loin deux vaisseaux dans un port.
2. **Anonyme italien au XVIe siècle.** Composition mystique. La Vierge de Lorette, par *F. Villamena* ; la Vierge à la Colonne, par *Adam*, graveur à Mantoue. La Mort d'Abel, par un anonyme de l'école de *Marc Antoine*. Quatre pièces.
3. **Anonyme au XVIe siècle.** Un *Mementi mori* (Bartsch, vol. 10, page 130). Pièce rare.
4. **Augustin Vénitien.** Sainte Famille (49). Pièce rare.
5. **Beatricet** (Nicolas). Portrait de Henri II (3). Très belle épreuve d'un beau portrait.
6. **Bella** (Etienne-Della). Fêtes à Florence, paysages, marines, rebus, caprices, batailles, portraits, titres de livres, les Quatre Saisons, armoirie, ornements, etc.; cent quatre-vingt-une pièces. Belles épreuves ; plusieurs rares.

7. — François, duc d'Eturie, Montjoie, hérault d'armes de France, entrée à Rome de l'ambassadeur de Pologne en l'année 1733, belle et curieuse pièce en six feuilles. Portraits du duc d'Eturie et de Bernard Ricci, pièces rares; pont sur l'Arno. Cette dernière pièce d'après Della Bella. Dix pièces diverses.

Exercices de cavalerie, par Della Bella. Dix-neuf pièces.

8. — Portrait de Buffet, comique italien, époque de Louis XIII; dans le fond, une vue du Pont-Neuf, par Della Bella. Pièce rare.

9. **Bonasone** (Jules). La Manne (5). Très belle épreuve.

10. — Jésus-Christ mis au tombeau (44). Belle épreuve.

11. — La Vierge, Sainte-Anne et les Disciples de Jésus (68). Belle épreuve d'une pièce rare.

12. — L'enlèvement d'Europe (109). Superbe épreuve.

13. — Le Char de Neptune (96) et deux pièces dans le goût de Bonasone.

14. — La Marche de Silène (88), le Jugement de Midas (89) et le Char de Bacchus (90).

15. **Carrache** (Augustin). Ecce Homo (19), la Vierge (30), la Vierge d'après le Baroche (32), la Vierge au Croissant (34), la Vierge allaitant l'Enfant-Jésus (39). Cinq pièces.

16. — Jésus, la Vierge, saint Jean et les douze Apôtres, suite de quinze pièces sur cinq planches 48 à 62). Belles épreuves avant la séparation des planches. Rare.

17. — Les mêmes estampes séparées (manque saint Jean), saint François (65), saint François (66). Seize pièces.

18. — Saint François (67). Belle pièce d'après Vanni. Saint Jérôme (73), saint Jérôme (74), sainte Magdeleine (81).

19. — Saint Jérôme (75). Très belle épreuve. Cette pièce a été terminée par Briccio.

20. — Sainte Famille, d'après Paul Véronèse (96), le Mariage de sainte Catherine (98), très belle épreuve, Christ au tombeau (102).

21. — Un Satyre regardant une femme endormie (112), les petites pièces lascives, n. 123, 125, 126, 128, 129, 130, 133, 135. Neuf pièces.

22. — Les Décorations de théâtre (121, 122), la Devise (271), l'Éventail (280), Mercure et les Grâces (117), Mars renvoyé par Minerve (114) et double des numéros 112 et 128.

23. **Carrache** (Annibal). Suzanne et les vieillards (1), pièce capitale du maître. Belle épreuve avant le nom de Carrache sur l'eau, remarque non citée par Bartsch. Coll. *Mariette*.

24. La Magdeleine (16), belle épreuve avant les lettres P. S. F., Sainte-Famille (11), belle épreuve avant la retouche.

25. — Jupiter et Antiope (17), la Soucoupe (18). Deux pièces rares.

26. — Adoration des Bergers (2), Ecce Homo (3), Vierge à l'Ecuelle (9), épreuve du deuxième état avant l'adresse de *Van Aelst*, Sainte Famille (11), épreuve avant la retouche, saint Jé-

rôme (13, 14), saint François (15), la Magdeleine (16), de la coll. Mariette. En tout huit pièces.

27. **Daven** (Léonard Thiry, appelé Léon). Suite de costumes du Levant. Soixante pièces.

28. **De la Casa** (Nicolas). Portrait de Baccio Bandinelli, sculpteur florentin. Belle épreuve.

29. **Fontana**. Paysages 59 à 66, plus quatre que ne décrit pas Bartsch. Tel qu'un homme avec un cheval sortant à travers un mur; un Turc combattant un ours; homme marchant sur l'eau, et une ville sur un rocher. *Benedette de Castiglione*. L'Arche de Noé (1), Tobie ensevelissant les morts (5). Deux épreuves. En tout quinze pièces.

30. **Gémignani** (Hyacinthe). Batailles pour l'ouvrage des Guerres de Flandre, de Strada. Quatre pièces.

31. **Grimaldi dit le Bolognèse**. Paysages, numéros 9, 15, 21, 26, 27, 30, 43, 48, 51. Dix pièces.

32. **Loli** (Laurent). Sainte Famille (6), saint Jérôme (14), l'Enfance d'Hercule (50), Génie des arts (30).

   Sirani (Jean). Apollon et Marsias (2) et deux pièces de l'école du Guide. *Sept pièces.*

33. — **Mantuan** (George-Ghisi, dit le). Sainte Famille d'après Raphaël (5), l'Ivresse de Silène (55).

   Maître au Dé. Triomphe de Scipion (74).

34. **Caraglio** (Jacques). Travaux d'Hercule (49), la Fureur (58).

35. **Marc de Ravenne**. La Force (395), d'après Raphaël. Belle épreuve.

36. **Marc-Antoine Raimondi**. Le Martyre de sainte Félicité (117). Copie B, très belle.

37. **Mola** (Pierre de). Jésus et la Samaritaine (2). Deux épreuves, une avant C. Maratta fecit.

38. **Pesarèse** (Cantarini, dit le). Vierges (numéros 2, 3, 5, 12, 15, 17), saint Antoine de Padoue (26), saint Benoît, d'après Louis Carrache (27). *Huit pièces.*

39. **Robertius** (César). Noé faisant planter de la vigne. Composition de cinq fig. On lit au coin à droite, dans un cartouche : *And. Sart. inv. Cesar Robertivs incid.*

40. **Schiaminosi**. Plan de la ville de Pérouse. *Salembeni*, sainte Anne et saint Joachim (1), premier état avant l'adresse. *Cozza*, la Vierge aux Anges (1), contre-épreuve. *Pierre Facini*, saint François (1). *Quatre estampes.*

41. **Dal Sole** (Joseph). Plafond (2). *Galleztruzzi*, Mercure et Pâris. *Diamantini*, Christ mort (6). *Ciamberlano*, Jonas (1). *Angelica Kauffman*, une femme et un enfant. Cinq pièces.

42. **Énée Vico**. Batailles des Amazones, d'après Raphaël (14). Très belle épreuve. Combat des Centaures et des Lapithes (30). Belle, avec l'adresse de *Tom. Barl. Exc.*

43. **Facchetti** (Pierre). Christ portant sa croix (2). Belle pièce.

44. **Falcone** (Ange). Saint George (15 et 16). *Flaminio Torri*, la Vierge et deux saints (3), le dieu Pan et l'Amour (7), premier état avant le nom et une épreuve avec le nom. *Angeli del Moro*, Sainte Famille (7) et la copie. *Olivier Gatti*, le Premier Homme (2), saint Jérôme (28). *Dix pièces.*

ÉCOLE FRANÇAISE.

45. **Audran** (Gérard). La Pentecôte, d'après Le Brun.

46. — Fuite en Egypte, d'après Verdier. Belle épreuve d'une jolie pièce.

47. — Saint Sébastien, martyr, d'après An. Carrache. Belle épreuve avant la lettre avec belle marge. Rare.

48. — Saint Bruno. Il tient un cœur enflammé; saint Bruno à genoux en prière. La Victoire et la Paix, titre de livre 1683, on lit sur une banderole Louis le Grand. Ces trois pièces de l'invention de G. Audran, saint Hyacinthe, épreuve avant la lettre. Rare. Quatre pièces.

49. — Saint Anasthase d'après Champagne, saint Hyacinthe d'après le Guerchin, saint André et la Barque de saint Pierre d'après Lanfranc. Quatre pièces.

50. Saint Sébastien, saint Augustin, d'après Champagne, saint Antoine d'après Carrache, saint André d'après François Flamand, Judith d'après le Dominiquin. Cinq pièces.

51. La Peste d'Enque, d'après Mignard.

52. Narcisse métamorphosé en fleur, d'après N. Poussin. Très belle épreuve.

53. Enée sauvant son père Anchise de l'incendie de Troie, d'après le tableau du Dominiquin. Belle épreuve d'une belle pièce.

54. Dessins de plafonds, inventés par le sieur Charmeton. Cinq pièces.

55. — Génies avec divers attributs, d'après les peintures de Raphaël à la loge Ghigi, suite de quatorze pièces, dédié à Ch Le Brun.

56. Matrone romaine, d'après Le Brun, saint Ignace battu par les démons, d'après Raphaël, l'enlèvement de Déjanire et un Silène d'après Jules Romain, Danseur et Danseuse d'après Raphaël, six frises sur trois feuilles d'après La Fage.

57. Portraits d'Innocent XI et de Jordanus Hilling. Belle épreuve d'un joli portrait. Trois pièces.

58. Prise d'Alexandrie et bataille d'Antioche. Deux épreuves de chaque avant et avec la lettre. La Peinture d'après Gi. Audran, Ganymède d'après le Titien, etc. Six pièces.

59. Le Point du Jour, d'après le marbre de Marcy, titre de livre de 1683; en haut une banderole où se lit Louis le Grand, deux épreuves, une avant les mots *F. Muguet Tipog.*, Mort de Clorinde, deux épreuves, une avant la lettre, un écusson avec deux figures : la Justice et la Prudence, le Sacrifice d'Iphigénie, deux épreuves, une est avant la lettre. Sept estampes.

60. — Les proportions du corps humain mesurées sur les plus belles figures de l'antiquité. Paris, Girard Audran, 1683, pet. in-fol. de 30 pl. et 4 feuilles pour le texte et le titre.

61. **Bourdon** (Sébastien). Le retour de Jacob (1). La Vierge au Livre (14). Ste Famille aux Anges (28), 1er état. Paysages, suite de douze pièces, n. 33 à 34 (moins les n. 2, 8, 9). Treize pièces une double, plus le n. 3 des pièces douteuses. Epreuve avec le nom du Bourdon.

62. — Les œuvres de Miséricorde (n. 2 à 8). Epreuves avec l'adresse de Mariette enlevée, état non décrit.

63. **Betou** (Alexandre). Peintures de la salle du bal à Fontainebleau, par Le Primatice, numéros 1, deux pièces avant la lettre, et 2, 4, 5, 6, 7, 10, 11, 15, tableaux des embrasures des croisées 9, 24, 32, et saint Grégoire le Grand, en tout seize pièces.

64. **Chaperon** (Nicolas). Trois enfants, dont un monté sur une chèvre; il tend le bras gauche pour prendre une grappe de raisin que lui présente un quatrième enfant monté sur un arbre. Pièce décrite dans le *Peintre-graveur français*, dans l'œuvre de Michel Dorigny, n° 13. Deux épreuves, une avec l'adresse de Guérineau, l'autre avec l'adresse de P. Mariette.

Deux enfants aidant un troisième à monter à un arbre. Pièce non décrite dans le goût de Chaperon.

65. **Coussin** (Henri). Chute des géants, Déluge, Allégorie aux arts, l'Enlèvement d'Europe, Suzanne et les vieillards d'après La Fage, vaisseaux d'après P. Puget, Assomption d'après C. Maratte. Huit pièces.

66. **Coypel** (Antoine). Bacchus ayant trouvé Ariane abandonnée, en devient amoureux et l'épouse, inventée, peinte et gravée par Coypel, et terminée au burin par Audran.

67. **Dorigny** (Michel). R. D., vol. IV. Pan et Syrinx (4), Bacchanales, suite de six pièces, 6 à 11 (manque 7), le Terme du Dieu des Jardins (17). Sept pièces.

Pièces d'après divers maîtres.

68. Saint Jean l'Evangéliste, d'après M. Corneille (20), Frises d'après L. Heince et Bignon (n. 27 à 38), Sainte Famille d'après Perier (43), Bacchanale d'après Lesueur (42). Quatorze pièces.

69. Sainte Famille (47), Anges (49, 50), saint Louis (51), Frise d'après un bas-relief (52), estampe en quatre morceaux (manque le quatrième). Sept pièces d'après Sarrazin, sculpteur.

70. **Morceaux d'après Vouet**. Pièces gravées de 1638 à 1666.

71. — Repos de la Sainte Famille (53), Christ descendu de la croix (54), la Nativité (55), l'Adoration des Rois, d'après le tableau de l'Hôtel des Fermes, rue du Bouloi (56), estampe de quatre morceaux.

72. Saint Pierre délivré de prison (57), le Martyre de saint Eustache (58), la Famille de saint Eustache reçue au ciel (59), Diane (60), Vénus et Adonis (61), Mars et Venus (62), original et copie, la Prudence (63), la Justice (64), la Force (65), la Tempérance (66). Dix pièces.

73. Deux sujets de plafonds peints au château de Chilly (67-68), Loth et ses filles (69), sainte Marguerite (70), Allégorie sur la paix entre la France et l'Angleterre (71), Songe de saint Joseph (72), saint Joseph enlevé au ciel (73), l'Assomption de la Vierge (74), saint Antoine (75), titre, décoration d'architecture (76). Neuf pièces.

74. Les Dieux de l'Olympe (77), la Justice donne les lois au peuple (79), Apollon au Parnasse (80), Hercule haranguant le peuple (81), Edification d'un monument (82), Purification de la Vierge (83), Sainte Famille (84), la Vierge prenant les jésuites sous sa protection (85). Huit pièces.

75. Aurore et Céphale (86), la Fortune (87), l'Enlèvement d'Europe (88), Hercule et Omphale (90), Vénus et A... (91), Mort de Didon (92), titre, décorati... hitecture (94), l'Ensevelissement (93), Junon (96), Neptune (97), Cérès (98), Phœbus (91). Douze pièces.

76. Bacchus et Ariane (100), Galatée (101), Allégorie (102), le Temps vaincu par l'Amour (103), Assomption de la Vierge (104), titre du livre des Grotesques (105), Panneau d'ornements (111), Repos en Egypte (120), la Magdeleine (122). Huit pièces.

77. Sujets mythologiques (123 à 131), neuf pièces. La toilette de Vénus (132), le roi Phinée (133), la Réflexion (134), l'Abondance (135). Plus doubles des n° 4 et 70, quinze pièces.
78. Marche de Silène, Silène ivre, ivresse de Bacchus, etc., quatre Bacchanales attribuées par Heinecken à Chaperon ; une avec l'adresse *F. de Ciatres*, une avec celle *de Huar*, et deux autres avec l'adresse de *P. Mariette*. La première est le n° 14 de l'œuvre de *Michel Dorigny*.

PIÈCES NON DÉCRITES DANS LE QUATRIÈME VOLUME DU PEINTRE GRAVEUR FRANÇAIS.

79. Vignette pour un livre de théologie, déification de l'église de Saint-Quentin.
80. L'adoration des Mages, composition de onze figures, à gauche la Vierge assise, un des Mages à genoux devant elle tandis que deux autres apportent une cassette contenant des présents. Deux épreuves, une avant le fond gravé qui représente des moitiés de colonnes d'un temple sur lesquels repose un toit en chaume.
81. La Force; elle tient la foudre de la main gauche et sa main droite est posée sur un livre que tient un Génie, à sa gauche un lion couché. Pièce ovale, on lit dans la marge : *E. Locancia S. Vouet pinx. Huar excudit C. P. R.*
82. David appuyé sur la tête de Goliath, il est mi-corps tourné à droite regardant à gauche, tenant une épée de la main gauche ; dans la marge on lit *Ecce..... gerit*, C. P. R. S. Vouet P.

83. Mercure et les Grâces; l'une d'elles a la main posée sur un dé.

84. Deux frises, divinités marines, dans l'une neuf tritons, naïades et enfants, au milieu un triton dispute à une naïade un enfant qu'elle cherche à retenir. On lit au bas à droite : Dorigny sculp. Deux épreuves, une avant le nom. Dans l'autre six figures, de tritons et naïades et enfants, vers la gauche un triton vu par le dos porte un panier de fruits, à gauche un. 4 semble indiquer une suite. Ces estampes nous semblent rappeler davantage la gravure de Nicolas Dorigny.

85. **Firens** (Pierre). Henri IV, guérissant les écrouelles. Superbe épreuve d'une belle pièce rare.

86. **Garnier** (Antoine). Nativité d'après Le Bassan (3), Sainte-Famille d'après Blanchard (14), deux épreuves, premier et deuxième états, les docteurs de l'Église d'après Vignon (24), l'évangéliste saint Marc et saint Grégoire (42), Énée chez Didon d'après F. Périer (47), Danaé d'après Blanchard (50), Charité d'après Blanchard (67), et la contre épreuve, autre Charité d'après Blanchard (68). Dix estampes.

87. **Gois**, sculpteur (Etienne-Pierre-Adrien). Son portrait peint par Dumont; sujets de l'Histoire ancienne dont Moïse sauvé des eaux. Sept pièces gravées à l'eau-forte.

88. Divers sujets, vues, monuments à Louis XVI, l'avare pensif, etc., etc. Vingt-deux pièces, plusieurs doubles avec différence.

89. **Gautier d'Agoty**, graveur en couleur. Scène flamande d'après Teniers. Epreuve coloriée.

90. **Huret** (Grégoire). Sujets de l'ancien et du nouveau Testament, sujets allégoriques à la gloire de Louis XIII, titres de livres et vignettes pour divers ouvrages, portraits de personnages sous Louis XIII, dont Jacques Boyceau, Estensis évêque de Rheims, F. Boromée. Quatre-vingt-dix-sept pièces composées et gravées par Grégoire Huret. Cet article sera divisé.

91. **Lasne** (Michel) *graveur français, né à Caen en 1596, mort à Paris en 1667*. La Magdeleine pleurant sur le corps mort de Jésus. Belle pièce gravée en 1641, très belle épreuve.

92. Vierge et Enfant-Jésus, d'après un maître de l'école allemande, la Vierge et l'Enfant-Jésus, tête de Vierge ovale, sujet mystique entouré de huit saints, Christ mort, saint Bruno, l'Enfant-Jésus et saint Jean, une vignette, Christ mort, etc. Neuf pièces.

93. Saint François d'après Rubens, Vierge d'après Van-Dyck, saint Antoine, la Sainte-Famille, les armoiries de Seguier, d'après Vouet, et la contre-épreuve, sainte Catherine, saint Antoine d'après Vouet, Visitation d'après An. Carrache, sainte Magdeleine d'après Ribera. Titre de livre d'après Lesueur. Dix pièces.

94. Titres et vignettes pour divers ouvrages, tels que histoire générale de Dupleix, la Grèce, Sybilla, Tacite, l'année chrétienne, Hubert Goltzius, Mythologie par Noël le Comte. Vingt-sept pièces dessinées et gravées par M. Lasne.

95. Portrait des châteaux royaux de Saint-Germain-en-Laye par *Michel Lasne*, vue de la montagne de Notre-Dame de Betharram au pays de Béarn, et chapiteau d'ordre corinthien, par *I. E. Lasne*, plus un titre de livre.
96. Costumes de femmes et d'hommes sous Louis XIII, plusieurs d'après A. Bosse et Rabel. Vingt pièces.
97. Jabach, grand amateur de dessin. Très belle épreuve avant la lettre, rare.
98. Gaspard, comte de Coligny. Beau portrait, belle épreuve.
99. Mazarin 1638. Beau portrait.
100. La maréchale de Guebriant, 1651, et la duchesse de Joyeuse. Deux portraits rares.
101. François Quesnel, peintre, d'après ce maître. Très belle épreuve avec marge.
102. Abel Servien. Très belle épreuve non terminée, rare.
103. Charles de Chavalon, archevêque de Rouen. Epreuve avant la lettre, rare.
104. Anne d'Autriche, saint François de Paul, révérend père Bernard, Balthazard Baron, A. Fabert, Doria, Michel Ferrand, Pujet de la Serre, Thomas de Trebiano, Charles Bennard, abbé de Verneuil, Jean Ballesdens. Quinze portraits gravés par M. Lasne sur ces dessins.
105. Abel Brunger, Henri, prince de Condé, François de Gondy, Rabelais, P. Seguier, Tubœuf, Roland Hebert, de Nesmond, Le Paultre et Richelieu. Onze portraits très belles épreuves.

106. Louis XIII, 1631, Louis XIII titre de livre, Bonnet de Toiras, maréchal de France, de Loménie, Pierre de Marcassi, Marescot, Jean de Lorel, Louis de Marillac, mareschal de France, et Michel Marillac, Brûlart de Sillery. Onze pièces.

107. Charles VI, roi d'Angleterre, David de Planis, le même portrait, André Giustiniani, Jean Rioland, Lormier, médecin, cardinal de Gondy, Jacob Doublet, Richelieu. Neuf portraits très belles épreuves.

108. — Louis XIV, Rénée Moreau, Claude Mollet Jardinier, Sébastien Hardy, Charron, Le Camus. Huit portraits, très belles épreuves.

109. Jacques Camus, Henri de Maupas, Charles de Bourlon, Gabriel Albaspine, N. Isambert, saint Charles Boromée, Regnauldin, Duperron, Zongres, évêque d'Orléans, Maranus, Clément Metezeau, ingénieur de la ville de la Rochelle. Seize pièces.

110. Lagrange Palaiseau, Charles de Crequi, Callot, Sébastien Hardy, Galliote de Vaillac, Isaac de Laffemas, Pierre Habert, cardinal Duperron, Regnauldin, Jacob Talon, Claude Thuet, Bertrand des Chaux, André Duval, Etienne Binet, Larochefoucauld, François de Harlay. Dix-neuf portraits.

111. François de Bonne duc de Lesdiguières, Pierre Corneille, baron de Chabanes, Charles Sorel, Chevalier, Nicolas de Neufville, Michel Lemasle, Quesnel peintre français, B. Tremblet, sculpteur, de Longueil, Charles Bernard, Tubœuf, etc. Quinze portraits.

112. Henri Spondanus, F. de Chevalon, archevêque de Rouen, de Gondy, archevêque de Paris, André du Val, T. Renaudot, Ambroise de Salazar, N. Richelet, Strozze, Charles Sorel, Henri de Bourbon prince de Condé, Dorat, N. de Bailleur, Richelieu, etc., etc. Quatorze portraits.

113. Lagrange Palaiseau, Louis de Verdun, de Montagu, De la Rochefoucauld, Joseph de Paris, Philonard, Père Dominique, Etienne Binet, Nicolas Caussin, François Fernandez, Mazarin, le père Niceron, Denis Peteau, Louis Petit, Henri de Savoye. Dix-neuf portraits.

114. **Leclerc** (Sébastien). Son œuvre en onze cent cinquante-huit estampes, dont les principales sont : des sujets tirés de l'histoire sacrée et de l'histoire profane, paysages, portraits, allégories, emblèmes, titres de livres, frontispices, fleurons, lettres grises, vignettes, cul-de-lampes, cahiers d'études de tous genres, histoire naturelle, monuments, etc., d'après ces compositions et celles de Le Brun et autres, le tout contenu dans trois portefeuilles, gr. in-fol., vélin vert. On y distingue savoir :

Puer parvulus, le mai des Gobelins, la pierre du Louvre, les batailles d'Alexandre, avant la lettre, les tapisseries et les devises, prestation du serment du marquis d'Angeau, les grandes et petites conquêtes diverses, suite de caprices, l'entrée d'Alexandre dans Babylone, l'académie des sciences, etc. Plusieurs de ces pièces doubles avant la lettre ou avec remarques.

Cet œuvre rare, qu'il serait difficile de former aujourd'hui, est englomisé, c'est-à-dire collé sur carte.

115. **Lenfant** (Jean), *d'Abbeville*. Portraits de Le Basve, docteur en médecine, 1656. Nicolas Blasset, architecte et sculpteur, 1658. Michel Lemasle, d'après Lefebure, 1660. Libours, prêtre missionnaire, 1660. Pierre de Bonzi, 1661. Chambout de Coueslin, d'après Nanteuil, 1661. Théodore de Nesmond, d'après Dieu, 1661. Sept pièces, belles épreuves.

116. André de Pajot, 1662. Léoménie de Brienne, d'après Le Brun, 1662. Egide Le Maistre, 1662. Réné de Marillac, 1663. Du Tillet, 1663. Guillaume de Nesmond, 1664. Claude Jegou, 1664. Sept pièces, belles épreuves.

117. François de Harlay, d'après Champagne, 1664. Nicolas Martineau, 1666. Edmond de Fieux, 1667. J. B. de Contes, 1666. Jacob de Souvre, d'après Mignard, 1667. Jérôme Le Maistre, 1669. Jacob d'Auvergne, 1669. Sept pièces, belles épreuves.

118. Charles Dujour, 1669. Louis Machault, 1670. Louis Boucherat, 1670. Armand de Biscarras, 1670. Henri d'Argouges, 1672. Jean Forcal, d'après Dieu, 1672. J. B. d'Hervilly, 1672. Sept pièces, belles épreuves.

119. Philippe de Spinola, d'après Ponchel, 1663. Jean Forcade, 1672, etc. Sept pièces gravées de 1655 à 1672, d'après Dieu, Verspronck, etc. Belles épreuves.

120. **Léonard Gaultier**. Les heureuses alliances de la France avec l'Espagne, par les mariages de Louis XIII avec Anne d'Autriche et de Philippe d'Autriche avec Élisabeth de Bourbon.

Cette inscription est en français et en espagnol dans les marges du haut et du bas, et on lit aussi à gauche, dans le bas de l'estampe, l'adresse de Nicolas de Mathonière, *excudit*. Belle épreuve d'une estampe extrêmement rare.

121. **Leroux** (Louis), l'eau de la suite des Eléments (n° 1), l'eau (5), Diane à sa toilette (24), le Triomphe de Galathée (22), l'Enlèvement de Proserpine (20), cinq pièces.

122. **Montaigne.** La Cène, d'après Ph. de Champaigne. Pièce rare, non décrite au Peintre graveur français, elle décore une Bible de 1671, de Pierre le Petit.

123. **Parocel** (Joseph). Combat du Col de Bagnols (90).

124. **Perelle** (Adrien et Gabriel, les). Paysages et marines dans des ronds, suites publiées par Mariette, N. Poilly, Langlois, Le Blond, etc. Quatre-vingts pièces belles épreuves, plusieurs sont avant la lettre.

125. — Grands paysages et dessins gravés, par les Perelles, dont plusieurs vues de Paris et de France. 83 pièces, 1 vol. in-fol. obl., v.

126. Paysages avec ruines, marines, etc. Soixante-neuf pièces, belles épreuves.

127. Paysages pittoresques ornés de ruines. Trente-six pièces, belles épreuves.

128. Paysages ornés de ruines et de colonnades. Soixante-dix-huit pièces, belles épreuves.

129. Sujets de l'Ancien et du Nouveau Testament, les Eléments, les Saisons, scènes champêtres, etc. Quarante-huit belles épreuves.

130. **Picart** (Bernard). Son portrait gravé par lui, à la manière noire; Léda, d'après Ant. Coypel ; portraits de femme, d'après Santerre, Nativité, d'après C. Maratte, Lucien, auteur grec, scène flamande, d'après Brakembourg. La Curiosité, huit pièces, dont six à la manière noire.

131. **Pesne** (Jean). Son portrait d'après lui, en 1672, gravé par Trouvain, en 1698. Belle épreuve avec l'adresse de Rochefort.

Pièces gravées d'après N. Poussin.

132. — Portrait de Nicolas Poussin (6). Belle épreuve du premier état.

133. — La Vierge, l'Enfant-Jésus et le petit saint Jean (8). Belle épreuve du 1er état.

134. — Le ravissement de saint Paul (12). Belle épreuve du 1er état. Très rare.

135. — La même. 2e état.

136. — La même. 3e état, plus une épreuve de l'Assomption, n. 11, et la charité romaine (13). 1er état.

137. — L'adoration des Bergers (15). Epreuve du 2e état

138. — Testament d'Eudamidas (29). Belle épreuve.

139. — Le triomphe de Galathée (30).

140. — Les travaux d'Hercule (31 à 49). Le frontispice et les n. 36, 37, 38 double, une sur papier bleu, 38, 39, 40, 42, 44, 45. Neuf pièces très belles du 1er état, avant la lettre. Rare.

141. — Les travaux d'Hercule, v. 32, 33. Composition dans des ronds (n. 34, 35, 41). Les armes d'Hercule (46, 47). Cariatides (48, 49). Statue (51).

142. — Autre livre à dessiner (n. 82 à 94). Suite de treize pièces. Manquent les n. 1, 2, 85, 88.

143. — Livre à dessiner, d'après Nicolas Poussin, 57, 58, 59, 60, 62, 63, 64, 65, 66, 67 68, 69, 70, 71, 72, 73, 74, 75, 76, 77, 81. Vingt-deux pièces. Vingt épreuves avant les numéros.

144. — François Langlois de Ciartres, d'après Van Dyck (97). Avec le titre et l'adresse de Mariette.

145. — Paysages, d'après Le Guerchin. Suite de quinze estompes, n. 156 à 166 (Manquent les n. 157, 162, 163, 165). Le titre de cette suite est gravé par *Boli*.

Pièce non décrite au Peintre graveur français.

146. — Statue antique de la jeune chasseresse dans la salle des Bains à Versailles. Figure pour un livre de proportion.

147. — Statue de Jupiter tenant la foudre. A ses pieds à droite son aigle. Il est dans une niche en pierre.

148. — Le portrait du révérend père Damacene. Il est représenté à mi-corps tourné à gauche dans une bordure formée de branches de palmier et d'olivier. Au quatre coins de l'ovale le chiffre du personnage, et dans la marge du bas on lit quatre vers : *On veut que ce portrait..... doit l'immortaliser*. Pièce très rare. Elle porte la signature de Pierre Mariette, 1673, et celle d'Augustin Mariette.

149. **Poussin** (d'après N. Poussin). Les aveugles de Jéricho, gravé par *Chasteau*. Belle épreuve avant la lettre.

150. Repos en Egypte et le Parnasse. Deux pièces gravées par *Jean Dughet*.

151. Narcisse et la Charité romaine. Deux pièces par *Audran* et *Pesne*.

152. Christ mort, sans nom de graveur, paysage, par Châtillon. Naissance de Bacchus, par Verini. Trois pièces.

153. Pyrus, Hermaphrodite, Phaëton venant demander la conduite du char du soleil, des Bacchanales. Six estampes, par *Bernard Picart, Fantetti*, etc.

154. **Silvestre** (Israël). Vues de Dijon, Tonnerre, Château de Tanlay et autres lieux des Etats de Bourgogne. Quarante pièces, anciennes épreuves.

155. — Vues de Nancy, en Lorraine, et des environs. Douze pièces. Vues en Champagne. Neuf pièces.

156. — Vues du château de Fontainebleau. Vingt pièces.

157. — Vues diverses en France, Marseille, Nevers, etc. Trente-neuf pièces.

158. — Vues diverses de Paris. Quatre-vingt-deux pièces.

159. — Environs de Paris, Rueil et Maisons. Quinze pièces.

160. — Environs de Paris, Vincennes, Ecouen, Saint-Denis, Saint-Germain, etc. Deux doubles du château d'Ecouen, épreuves non terminées. Vingt-neuf pièces.

161. — Vues de Rome. Cent soixante et une pièces.

162. — Vues de Gênes, Florence, Naples, Milan, Parme, etc. Vingt-neuf pièces, plus neuf titres de diverses suites.

163. Vues de Lyon. Trente-huit pièces.

164. Normandie. Quatorze pièces.

165. Treize pièces diverses, par Silvestre.

166. **Vignon** (Claude), Jésus guérit la mère de saint Pierre (7), Jésus ressuscite le fils de la veuve de Naïm (9), Jésus guérit un paralytique (10), Jésus guérit un malade à la Piscine (14), Jésus guérit la fille de Jaïre (12). Cinq pièces.

ÉCOLES FLAMANDE ET HOLLANDAISE.

167. — **Acken** (Jean Van). Vue du Rhin, d'après Saft-Leven (1).

168. **Bos** 1550 (Corneille). Combat des Centaures et des Lapithes. Pièce capitale du maître.

169. **Brauwer** (Jean). Un buveur tenant un pot (Cat. Rigal, n. 5). Epreuve avant le nom.

170. **Chodowicki** (Daniel). Revue de Frédéric II. Estampe allégorique. Deux estampes.

171. **Coryn Boel**. Le Joueur de violon, l'empirique, le concert des chats, le fumeur, le pèlerin, scènes de singes, etc. Onze pièces, d'après Téniers.

172. **Du Sart** (Corneille). Le violon assis. Ancienne épreuve.

173. **Everdingen** (Aldert). Paysages, cinq pièces et neuf pièces de la suite de la Fable du Renard.

174. **Hubert, 1786.** Etudes de chevaux. Six pièces à l'eau-forte.

175. **Jordaens**. Les vendeurs chassés du Temple; saint Bonaventure, d'après Van Dyck. Deux pièces.

176. **Leeuw** (William de). Mort de la Vierge, d'après Rubens. (Basan, n° 64 des Vierges). Belle épreuve.

177. **Lis** (Jean Van). Saint Jean Evangiliste. Belle épreuve d'une jolie pièce, elle est rare.

178. **Maës** (D.). Cavalier au manége. Pièce à l'eau-forte.

179. **Rembrandt et son Ecole.** Les musiciens ambulants, par Rembrandt, et dix pièces à l'imitation de ce maître.

180. **Scheits** (Michel). Intérieur familier. On lit : *M. Scheits, fecit 1676.* Une aveugle jouant du violon et une chanteuse. *M. Scheits fecit 1672.*

181. **Téniers** (David). La danse de village, pièce gravée à l'eau-forte, par Téniers. Epreuve de la planche entièrement retouchée.

182. **Uden** (Lucas Van). Grand paysage, avec épisode de la fuite en Egypte (49).

183. **Visscher** (Corneille de). La Bohémienne. Belle épreuve avec l'adresse de Clément de Jonghe.

184. **Vorsterman** (Lucas). Gertrude, fille d'Otto Vænius, beau portrait peint et gravé par Vorsterman. Epreuve avec le cartouche blanc.

185. **Waillant** (B. et W.), *graveurs en manière noire.* Jean Lingelbach, peintre, d'après Swartz, Héraclite, Trobenius, femmes d'après le Titien, une Muse, Jean Van der Spelt, médecin; Judith, d'après Le Guide; Gérard Rousse, Esaias Clé-

ment, d'après B. Waillant, par A. Waillant. Treize pièces, dont douze à la manière noire et la dernière au burin.

186. **Écoles Flamande et Allemande**. Paysages, par Utembrough, saint Sébastien, par Unback; un guerrier, par N. Hopfer; un fumeur, par Saftleven, animaux, par Hondius, etc. Quatorze pièces.

187. **École Flamande**. Orphée, Sainte Famille par Brandt, paysages, par J. W. Bauër, la la Pentecôte, sainte Cécile, paysage par Jean Van Noordt, etc., etc. Dix-sept pièces.

188. **École Flamande**. Fête de village, par C. Dusart; paysages par C. Mathesius; vues de Rome et pièces diverses, par A. Houbraken, de Witt, Corneille Bos, Marc de Bye, Naivinx, Van Somer, etc. Dix-neuf pièces.

PORTRAITS.

189. Vauban, d'après Detroye, par Bernard; Judith, par Elisabeth Bouchet; Esnault, curé de Saint-Jean en Grève, par Madeleine Basseporte; saint Jérôme, d'après Ribera, par Maheux, Madeleine de Vertamont, par L. Lombart, *pinxit et sculpsit*; Louis L'Enfant et Sextius d'Artalan, d'après Vanloo, par H. Cousin. Neuf pièces en manière noire.

190. — De Philibert Delorme, architecte; d'André Thevet, d'Albert Durer, André Doria, Marguerite de Valois, Gabriel de Collange, etc. Neuf portraits gravés sur cuivre et sur bois.

191. Neuf portraits. Mᵐᵉ Favart, Louis Tronchin, médecin; Marie d'Hautefort, de Saint-Yves, amateur d'estampes; la Dauphine d'après La Tour; le docteur Du Fay, Faivre, architecte; la marquise Duchatelet.

192. — Brulard de Sillery, d'après Rigaud, par G. Edelinck; Morin, médecin, par Poilly, épr. avant la lettre; Marie-Angélique Arnauld, la mère Agnèse de Saint-Paul Arnauld; Mascaron, Louis de Noailles, Mᵐᵉ Hélyot, par Masson, Jean Delpech, d'après Largillière, par Roullet. Treize portraits.

193. — François le Gouz d'Anger, Josias de Bremond, Thomas Phipoloe, par Suavius; Caroline Patin, par Suzanne Sandrart; Alexandrine Fatio, par Liétard; le comte d'Egmont, par Chauveau; Jean de Bethencourt, par Montcornet; Samuel Sorbierre, par Bonnart; Marie d'Espoisses, etc. Neuf portraits.

194. Portraits de personnages hollandais, gravés par J. Van de Velde, Bloemaert, C. Van Dalen, Saenredam, Goltzius, J. Muller, Holsteyn, Houbraken, etc., etc. Quatorze pièces, très belles épreuves.

195. La duchesse de Châteauroux sous l'emblême de la Force, par Balechou, d'ap. Natier. Très belle épreuve.
196. **Diverses écoles.** Le flûteur, par Berghem; animaux, par Roos; le Goût, par Both; paysage, par Vaterloo, et quatre pièces de l'École italienne, en tout neuf pièces.
197. Estampes diverses, quarante-quatre pièces, par Claude le Lorrain, W. Baur, Mariette, Van Blomen, etc.
198. **Anonymes de l'École Française**, XVIIe siècle. Paysages, marines et diverses pièces, par Koetiers, Samuel Bernard, Glomy, d'après B. Picart, etc. Quarante-deux pièces.
199. **École Française.** Dix-sept pièces, plusieurs par Garnier, N. Loyr, Rivals, portrait de Liotard et anonymes.

ARTICLES OMIS

200. **Moreau** (E). Une fontaine. *Cottard.* Château Donzain en Blaisois. Deux pièces de graveurs sous Louis XIII, non citées.
201. **Le Paultre.** Miracle arrivé l'an 1418, rue aux Ours, où une image de la Vierge frappée par une impie, rendit du sang. Pièce rare.
202. **Bernard.** Graveur en manière noire. La Nativité, d'après Benedette, portraits de Ragotski Sigismond, d'après Detroye. Cinq pièces en manière noire.

— 30 —

203. — K. S. Ces deux lettres liées ensemble. Défaite de Maxence. Estampe de quatre feuilles, d'après Raphaël ; belle et rare.

204. **Stein** (François Van Den). Représentation des fêtes et du carrousel donnés à l'occasion des noces d'un archiduc d'Autriche, d'après Nicolas Van Hoy. 19 pièces à l'eau forte.

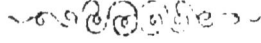

www.ingramcontent.com/pod-product-compliance
Lightning Source LLC
Chambersburg PA
CBHW030105230526
45471CB00003B/1266